BEI GRIN MACHT SICH IHR
WISSEN BEZAHLT

Methodik zur Erhebung der Lebensqualität in der stationären Pflege

GRIN ☺

Bibliografische Information der Deutschen Nationalbibliothek:

Die Deutsche Nationalbibliothek verzeichnet diese Publikation in der Deutschen Nationalbibliografie; detaillierte bibliografische Daten sind im Internet über http://dnb.d-nb.de abrufbar.

ISBN: 9783346539861
Dieses Buch ist auch als E-Book erhältlich.

Druck und Bindung: Books on Demand GmbH, Norderstedt Germany
Gedruckt auf säurefreiem Papier aus verantwortungsvollen Quellen

Das vorliegende Werk wurde sorgfältig erarbeitet. Dennoch übernehmen Autoren und Verlag für die Richtigkeit von Angaben, Hinweisen, Links und Ratschlägen sowie eventuelle Druckfehler keine Haftung.

Das Buch bei GRIN: https://www.grin.com/document/1149201

Einsendeaufgabe

Wissenschaftliches Arbeiten – Vertiefung II

Alternative C

Abgeben am 04.07.2021 im Prüfungssekretariat

Modul: Wissenschaftliches Arbeiten – Vertiefung II

Studiengang: B. Sc. Psychologie

Inhaltsverzeichnis

Abkürzungsverzeichnis

Bzw.	Beziehungsweise
Ca.	Circa
Et al.	Et alii
Etc.	Et cetera
GDA	
NRW	Nordrhein-Westfalen
S.	Seite
WHO	World Health Organization Quality of Life-100-Fragebogen
WHOQOL-100	World Health Organization Quality of Life-100-Fragebogen
WHOQOL-BREF	World Health Organization Quality of Life-BREF-Fragebogen
WHOQOL-OLD	World Health Organization Quality of Life-OLD-Fragebogen
z.B.	Zum Beispiel

Abbildungsverzeichnis

Tabellenverzeichnis

Formelverzeichnis

Aufgabe 1

1. Lebensqualität

Der Begriff der Lebensqualität ist ein viel diskutiertes Konstrukt, dessen Definierbarkeit und Messbarkeit oftmals in Frage gestellt wird. Dabei scheint die Erfassung von Lebensqualität besonders aufgrund dessen beschwerlich, da das Konstrukt nicht direkt beobachtbar ist bzw. nur indirekt erschlossen werden kann (Renneberg & Lippke, 2006, S. 29). Trotzdem beschäftigen sich etliche wissenschaftliche Disziplinen wie die Philosophie, Psychologie, Soziologie, Politologie, Ökonomie oder Neurobiologie mit der Lebensqualität unter vielen verschiedenen Namen, alle mit dem Bestreben ein besseres Verständnis über das Konstrukt zu erlangen und ein objektives Messverfahren für Lebensqualität zu entwickeln (Österle, 2020, S. 54). Dazu beschreibt Linde (2018) „Lebensqualität ist ein umfassendes und zugleich komplexes Konzept, denn es betrifft die weitläufige Frage nach dem guten Leben." (S. 66). Im folgenden Kapitel soll zunächst versucht werden mittels einer begrifflichen Annäherung den Terminus Lebensqualität genauer zu erfassen und seinen historischen Hintergrund zu ermitteln.

1.1 Begriffliche Annäherung und historische Wurzeln des Konstrukts Lebensqualität

Wie bereits in Kapitel 1 angedeutet, ist der Begriff Lebensqualität ein in der Forschung vielfach vorkommender, aber auch sehr unterschiedlich verstandener Terminus. Dadurch lässt sich Lebensqualität verallgemeinert als multidimensionales Konstrukt verstehen, dass nur indirekt erfasst und ausschließlich in seinen Teilbereichen abgebildet werden kann (Augustin, 2001, S. 697).

Orientiert man sich an der Definition der World Health Organisation (WHO) erhält man die folgende komplexe Begriffserläuterung:

„Lebensqualität ist die subjektive Wahrnehmung einer Person über ihre Stellung im Leben in Relation zur Kultur und den Wertesystemen, in denen sie lebt und in Bezug auf ihre Ziele, Erwartungen, Maßstäbe und Anliegen. Es handelt sich um ein bereites Konzept, das in Komplexer Weise beeinflusst wird durch die körperliche Gesundheit einer Person, den psychischen Zustand, die sozialen Beziehungen, die persönlichen Überzeugungen und ihre Stellung zu den hervorstechenden Eigenschaften der Umwelt." (WHO 1997; zitiert nach Renneberg & Lippke, 2006, S. 29).

Es erschließt sich, dass die Lebensqualität als multidimensionales Konstrukt als subjektive Angabe zu verstehen ist, welches auf spezifischen Bewertungsprozessen basiert. Dabei setzt sie sich immer aus mehreren Dimensionen zusammen, welche im Beispiel der Definition der WHO physische, psychische, soziale und ökologische Zustände bzw. Befindlichkeiten umfassen (Renneberg & Lippke, 2006, S. 29-30).

Historisch betrachtet hat der Begriff der Lebensqualität seine Wurzeln in der zweiten Hälfte des 20. Jahrhunderts, wo er durch die aufkommende wohlfahrtsökonomische Debatte, welche eine Differenzierung von wirtschaftlichem Wohlstand und Wohlfahrt einforderte, etabliert wurde. In Deutschland wurde der Begriff besonders durch Willy Brandt geprägt, wodurch sich das Konstrukt der Lebensqualität zu einem politischen Modewort entwickelte. Zunächst im ökonomischen Kontext, darauffolgend aber auch auf gesellschaftlicher und zuletzt medizinischer Ebene gewann der Begriff der Lebensqualität immer mehr Aufmerksamkeit (Paulsen, 2015, S. 27-28).

Um ein differenzierteres Bild dieses multidimensionalen Konstruktes zu erhalten, ist eine Unterscheidung von „allgemeiner Lebensqualität" und „gesundheitsbezogener Lebensqualität" vorteilhaft (Radoschewski, 2000, S. 166). „Gesundheitsbezogen Lebensqualität" umfasst all jene Dimensionen, die mit der individuellen Gesundheit in Beziehung zu setzen sind. Dabei kann eine weitere Unterteilung in „allgemeine, gesundheitsbezogene Lebensqualität" („generic quality of life") und „krankheitsspezifische Lebensqualität" (diseasespecific quality of life") getätigt werden. Bei ersterem Aspekt wird die Lebensqualität unabhängig von spezifischen Erkrankungen betrachtet, während bei der „krankheitspezifische Lebensqualität" das Konstrukt unter Betrachtung besonderer Merkmale bei bestimmten Erkrankungen beleuchtet wird (Augustin, 2001, S. 698). Der Gesundheitsaspekt spielt dabei in dem Sinne eine bedeutende Rolle, dass er eine wesentliche Komponente bzw. Bedingung für Lebensqualität darstellt und imensen Einfluss auf die Lebensqualität nehmen kann (Radoschewski, 2000, S. 167). Spezifiziert man die zentralen Konzepte der Lebensqualität in den verschiedenen Wissenschaftsdisziplinen, so lassen sich die verschiedenen Fokusse anhand Tabelle 1 beispielhaft verdeutlichen.

Disziplin	Fokus der LQ	Studienziele
Philosophie	Das „gute Leben"	Wert/Sinn
Soziologie	Wohlfahrt & Wohlbefinden	Bedürfnisse/Wünsche
Ökonomie	Ökonomischer Standard	Ressourcen
Psychologie	Wohlbefinden	psychisches Wohlbefinden
Medizin	Normalität	medizinische Intervention

Tabelle 1: Zentrale Konzepte der Lebensqualität (Quelle: eigene Darstellung in Anlehnung an:

Radoschewski, 2000, S. 167)

1.1.1 Lebensqualität im aktuellen und politischen Kontext

In Deutschland wurde am 26. Oktober 2016 der Regierungsbericht zur Lebensqualität in Deutschland verabschiedet, der im Vorjahr mittels eines ergebnisoffenen Bürgerdialogs geführt wurde. Über 15.0000 Bürger*innen formulierten dazu ihre individuellen Vorstellungen zur Lebensqualität, die in einer anschließend wissenschaftlichen Auswertung zu einem Bericht als Teil der Regierungsstrategie „Gut leben in Deutschland – was uns wichtig ist" zusammengefasst wurden (Bundesministerium für Wirtschaft und Energie, 2016). „Die Bundesregierung versteht Lebensqualität als Leitbegriff einer Politik, die ökonomische, soziale und ökologische Ziele gleichzeitig verfolgt." (Bundesregierung, 2016, S. 4). Damit löst sich die deutsche Bundesregierung deutlich vom ursprünglichen Fokus auf Wachstum und materiellen Wohlstand und bezieht stattdessen hohe Qualitätsstandards für materielle Güter, Lebensbedingungen und Chancengleichheit mit ein (Bundesregierung, 2016, S. 4).

Aus dem Bürgerdialog konnten zwölf Dimensionen herauskristalliert werden, denen insgesamt 46 Indikatoren angehören. Die zwölf Dimensionen können dabei thematisch in drei Kategorien aufgeteilt werden. Dies soll in Tabelle 2 veranschaulicht werden.

Unser Leben	Unser Umfeld	Unser Land
Gesundheit	Freiheit	Wirtschaft
Bildungschancen	Sicherheit	Umweltschutz
Arbeitsplätz	Zusammenhalt	Gleichberechtigung
Einkommen	Zuhause	Verantwortung

Tabelle 2: Zwölf Dimensionen von Lebensqualität nach Regierungsbericht 2016 (Quelle: eigene Darstellung in Anlehnung an: Bundesministerium für Wirtschaft und Energie, 2016)

Bei dieser Beleuchtung des Konstrukt Lebensqualität handelt es sich aber ausschließlich um ein gesellschaftliches und politisches Leitbild, welches von der Betrachtung individueller Lebensqualität abzugrenzen ist. Stattdessen dient ein solches Leitbild der Politik, um Rahmenbedingungen zu schaffen, die der Bevölkerung persönliches Streben nach Glück sowie Erreichung gesellschaftlicher Ziele ermöglichen (Bundesregierung, 2016, S. 5). Aber nicht nur im politischen Zusammenhang findet aktuell eine genauere Betrachtung des Begriffs Lebensqualität statt, sondern beispielsweise auch im medizinischen Kontext gilt die Lebensqualität als wichtiger Parameter. So hat die Messung von Lebensqualität bei Patienten zum Beispiel ihren Ursprung in der Onkologie, mit dem Ziel Therapiestrategien zu bewerten bzw. ihren Nutzen für den Patienten zu hinterfragen (Kirchberger, 2005, S. 33). Mit der Frage „Wie sinnvoll ist eine Therapie, die das Leben nur kurzweilig verlängert, aber mit starken Nebenwirkungen einhergeht?", nimmt der Begriff Lebensqualität auch ethische Dimensionen an, die besonders für die Intensiv- und Palliativmedizin relevant sind (Schübel, 2016, S. 9). Eine ähnliche Relevanz des Miteinbezugs des Parameters Lebensqualität liegt in der stationären Altenpflege vor.

Auch hier nimmt die ethische Dimension Einfluss auf die Ausrichtung von Pflege

(Weidekamp-Maicher, 2018, 69). In Kapitel 1.2 soll daher beispielhaft das Konstrukt Lebensqualität in der stationären Pflege dimensional analysiert werden. Dazu wird zunächst im folgenden Kapitel die Methodik zu Erhebung von Lebensqualität erläutert.

1.1.2 Methodik zu Erhebung von Lebensqualität

Vor dem Hintergrund der Betrachtung der Lebensqualität als mehrdimensionales Konstrukt auf Basis subjektiver Angaben, soll in diesem Kapitel erläutert werden, ob und wie ein solches Konstrukt methodischen erfasst werden kann. Nach Kirchenberger (2005) stellt dabei die schriftliche Befragung mit Hilfe eines Fragebogens die wichtigste Methode dar, um Lebensqualität dimensional zu messen (S. 33). Der Fragebogen als

Messinstrument muss den allgemeinen Anforderungen bzw. Gütekriterien (Reliabilität, Validität, Sensitivität etc.) entsprechen und enthält vorwiegend

Selbsteinschätzungsfragen, kann im gesundheitsbezogenen Kontext aber auch Fremdratingskalen beinhalten (Kirchenberger, 2005, S. 33; Renneberg & Lippke, 2006, S. 31). Für die Eigenbeurteilung ist voraussetzend, dass die befragten Personen die

Bereitschaft zeigen (ehrliche) Auskunft zu geben, wodurch sich methodische Schwierigkeiten hinsichtlich der Objektivität ergeben können. Besonders bei der Befragung von Kindern können sich methodische Hürden durch die Sprachbarriere ergeben, die aber beispielsweise durch den Einsatz von Bildern (z.B. „Smileys") Umgangen werden können. Des Weiteren ist die Bildung von Dimensionen notwendig sowie Indikatoren, die durch mehrere Fragen abgedeckt werden, um Zufallsantworten und Ausreißer zu entkräften. Zuletzt sind Vergleichsgruppen als essenziell für die Interpretation der Fragebögen zu betrachten, um die Resultate einem Mittelwert gegenüberstellen zu können (Augustin, 2001, S.498-699). Bekannte Verfahren zu Ermittlung von Lebensqualität stellen beispielsweise das Indexverfahren „European Quality of Life Questionaire" oder das Selbsteinschätzungsinventar für Lebensqualität „Short Form 36 Health Survey" dar (Renneberg & Lippke, 2006, S. 31).

1.2 Lebensqualität in der stationären Pflege

Die Operationalisierung des Konstrukts Lebensqualität soll als Basis für einen hypothetischen Fragebogen dienen, der in einer fiktiven quantitativen Studie zur Untersuchung der Lebensqualität von Senioren und Seniorinnen in stationärer Pflege angewendet werden soll. Als Stichprobe sollen dabei Personen ab 80 Jahren in stationärer Pflege in Nordrhein-Westfalen herangezogen werden. NRW hat sowohl mit einer Anzahl von ca. 2600 die meisten Pflegeeinrichtungen in Deutschland als auch mit 187.570 Pflegeplätzen die größte Kapazität (Wuestpartner, 2018). Von insgesamt 964.978 Pflegebedürftigen, lebten 2019 169.128 Personen in stationären Pflegeeinrichtungen, während 795.859 Pflegebedürftige ambulant versorgt wurden (Statistisches Bundesamt, zitiert nach de.statista.com, 2019). Um festzustellen, inwiefern sich die Lebensqualität von hochaltrigen Pflegebedürftigen durch ihren stationären Aufenthalt verändert, soll Als Vergleichsgruppe auch die Lebensqualität von Pflegebedürftigen Senioren und Seniorinnen ab 80 Jahren gemessen werden, die sich in ambulanter Pflege befinden. Dazu soll aus beiden Gruppen eine repräsentative Stichprobe ausgewählt werden, die den auf dem erarbeiteten Strukturbaum basierenden Fragebogen beantworten sollen. Ausgeschlossen von der Stichprobe sollen Pflegebedürftige sein, die ausschließlich bettlägerig sind oder unter diagnostizierter Demenz leiden, da hier eine gesonderte Betrachtung von Lebensqualität notwendig wäre.

Die Gestaltung und Ermöglichung von Lebensqualität hat für die Zielgruppe älterer Menschen in stationärer Altenhilfe eine hohe pflegerische Relevanz (Linde, 2018, S. 68).

In Kapitel 1.1 konnte der Begriff der Lebensqualität bereits als komplexes, mehrdimensionales Konstrukt definiert werden, welches in unterschiedlichen wissenschaftlichen Disziplinen jeweils in verschiedenen Kontexten verortet wird. In der Pflegewissenschaft entstanden in den

50er Jahren des 19. Jahrhunderts erste Debatten zur Lebensqualität, aus welchen sich vielfältige Ansätze zur dimensionalen Analyse der Lebensqualität entwickelten. Die meisten Konzepte entsprangen dabei aus den Lebensqualitätsansätzen der Onkologie, folgten aber keiner konkreten Forschungstradition (Weidekamp-Maicher, 2018, S. 71-73). Am 21. Dezember 2015 erhielt der Begriff der Lebensqualität schließlich Einzug in das Pflegestärkungsgesetz II, wodurch der Diskurs über die pflegerische Relevanz, Definition und Messung des Konstrukts Lebensqualität erneut angefacht wurde (Weidekamp-Maicher, 2018, S. 42 +75). Die Debatte hat dabei wissenschaftstheoretische, aber auch gesellschaftlichpolitische Bezüge, wobei die Einbeziehung der Bewohner*innen in Altenpflegestationen hinsichtlich ihrer Lebensqualität eine allgemeine Weiterentwicklung von Pflegequalität unterstützen soll. Zudem spielt die Operationalisierung und Messung der Lebensqualität dahingehend eine wichtige Rolle, dass eine angemessene Gestaltung des Alltags und Unterstützung Bewohnerzentrierter Entscheidungen gewährleistet werden können (Weidekamp-Maicher, 2018, S. 74-76).

1.2.1 Strukturbaum Lebensqualität

Um den Begriff der Lebensqualität in stationärer Altenpflege messbar zu machen, ist es zunächst notwendig zu ermitteln, welche Dimensionen das Konstrukt umfasst. Auch der Pflege entwickelten sich hinsichtlich der Betrachtung von Lebensqualität überwiegend zwei Ansatzpunkt, bei welchem sich der eine vorwiegend auf Lebenszufriedenheit und psychisches Wohlbefinden bezog, während beim anderen, Funktionsfähigkeit im Zentrum der Überlegungen hinsichtlich medizinischer Interventionen und physischen Wohlbefinden stand (Weidekamp-Maicher, 2018, S. 73). Da Lebensqualität als komplexes Konzept nur in Abhängigkeit zu seiner theoretischen Verortung definiert werden kann, scheint eine Synthese beider Ansätze sinnvoll, um den Begriff möglichst weitumfassend zu operationalisieren. Die gesundheitsbezogene Lebensqualität umfasst dabei gesundheitspsychologische und medizinische Aspekte, die die Lebensqualität nicht gänzlich ausmachen, aber dennoch stark beeinflussen können (Renneberg & Lippke, 2006, S.30). Wichtige Dimensionen der gesundheitsbezogenen Lebensqualität werden von Schumacher et al. (2003) benannt und umfassen das physiologische Wohlbefinden, das psychische Wohlbefinden und soziale Teilhabe (Schumacher et al., 2003 zitiert nach Renneberg & Lippke, 2006, S.30). Als erste Dimension soll im entwickelten Strukturbaum das „physische Wohlbefinden" betrachtet werden. Körperliche Gesundheit scheint dabei nach Lange (2021) von immenser Bedeutung für hochaltrige Personen zu sein, der mit dem Konstrukt der Lebensqualität assoziiert wird (S. 26). Auch das von der WHO entwickelte Instrument WHOQOL-OLD, zur Erfassung subjektiver Lebensqualität im Alter, beinhaltet die Dimension physisches Wohlbefinden". Indikatoren für die physische Lebensqualität, die besonders im hohen Alter in Frage gestellt werden müssen, sind Schmerz, Energie, Mobilität, Schlaf und Aktivitäten des täglichen Lebens (Conrad & Riedel-Heller, 2016, S. 43). Auch die Dimension „psychisches Wohlbefinden" findet unter anderem in der WHOQOL-100 und dessen Kurzform WHOQOL-BREF Berücksichtigung und ist Teil der gesundheitsbezogenen Lebensqualität (Conrad & Riedel-Heller, 2016, S. 43). Verallgemeinert beeinflussen positive wie negative Gefühle und ihre jeweilige Gewichtung sowie das eigene Selbstwertgefühl die psychische Lebensqualität (Angermeyer, Killian & Matschinger, 2002, S. 44). Bezogen auf den Kontext der Lebensqualität hochaltriger Personen werden weitere Indikatoren bedeutsam, die das psychische Wohlbefinden zunehmend beeinflussen. Darunter fallen vorwiegend Veränderungen, die das Gedächtnis, Lernen und die Konzentration betreffen, woraus sich Einschränkungen der Lebensqualität entwickeln können. Beeinträchtigungen dieser Fähigkeiten können als eigene Inkompetenz Erscheinung wahrgenommen werden und nehmen somit negativen Einfluss auf die psychische Lebensqualität. Auch die Betrachtung des eigenen, sich verändernden Körperbilds spielt dabei in die Dimension des „psychischen Wohlbefindens" mit ein (Conrad & Riedel-Heller, 2016, S. 40-43). Die Dimension „soziale Teilhabe" ist vor allem im hohen Alter und für Bewohner von stationären Altenpflegeeinrichtungen genauer zu betrachten, da auch hier oftmals extreme Veränderungen im Vergleich zu vorherigen Lebensabschnitten stattfinden. Nach Lange (2021) sei die Optimierung der sozialen Teilhabe, z.B. durch Beteiligung von Angehörigen, ein wichtiger Einfluss für die Lebensqualität der Bewohner*innen stationärer Pflegeeinrichtungen (S. 27). Der Übergang in den Ruhestand stellt oftmals eine extreme Umstellung des sozialen Alltags dar, aber auch die Konfrontation mit dem Tod von Freunden oder der Partner*innen wirkt sich auf die persönlichen sozialen Beziehungen, aber auch auf die Sexualität und Intimität aus (Conrad & Riedel-Heller, 2016, S. 40-43). Soziale Partizipation erfasst nach Conrad & Riedel-Heller (2016) Möglichkeiten und Fähigkeiten eines Menschen, „weiterhin aktiv im Leben zu bleiben und sich als Teil der Gemeinschaft zu fühlen" (S. 45). Indikatoren zur Messung der „sozialen Teilhabe" sind folglich persönliche Beziehungen, soziale Unterstützung und Sexualität, welche sich an den Indikatoren der WHOQOL-OLD orientieren (Angermeyer et al., 2002, S. 44). Auch der Psychologie M. Powell Lawton hat sich mit der Messung von Lebensqualität von Pflegebewohnern beschäftigt und benannte mehrere Kategorien bzw. Dimensionen für Lebensqualität. Eine wichtige

Dimension stellte dabei die „Selbstbestimmung" dar (Klimes 2011, S. 64). Umfragen des Bundesministeriums für Familie, Senioren, Frauen und Jugend zeigten das Bedürfnisse von Bewohner*innen von Pflegeeinrichtungen sich auch an weitgehende Selbstbestimmung orientieren (Lange, 2021, S. 27). Unter den Autonomiebegriff fällt unter anderem Unabhängigkeit, Kontrolle und Entscheidungsfreiheit (Conrad & Riedel-Heller, 2016, S. 45). Für Pflegeeinrichtungen könnten diese Aspekte beispielsweise durch die Möglichkeiten individueller Einrichtungsmöglichkeiten, Mitgestaltungsrechte im Tagesablauf oder bedarfsorientierte Ernährung erfüllt oder nicht erfüllt sein (Lange, 2021, S. 27). Indikatoren für Selbstbestimmung sollen damit Autonomie, Unabhängigkeit, Kontrolle und Entscheidungsfreiheit sein.

Zuletzt soll auch die Dimension „Rahmenbedingungen" beleuchtet werden. Darunter fallen vor allem jene Indikatoren, welche die Umsetzung der anderen Dimensionen für eine hohe Lebensqualität bedingen. Angebote zur Freizeitgestaltung können dabei Einfluss auf die soziale Teilhabe nehmen, fachgerechte Pflege wirkt auf die psychische wie physische Lebensqualität und auch die räumlichen Bedingungen sind relevant für eine lebensstilgerechte Lebensqualität. Zusätzlich gilt das Bedürfnis nach Sicherheit und Schutz als Grundlage für eine gesteigerte Lebensqualität sowie die Grundvoraussetzung finanzieller Mittel, welche sich auf die Dimension Selbstbestimmung auswirken können (Lange, 2021, S. 27; Conrad & Riedel-Heller, 2016, S. 43).

Aus den dargelegten Erkenntnissen kann der folgende Strukturbaum als Grundlage für einen Fragebogen zur Messung der Lebensqualität von pflegebedürftigen Personen über 80 Jahren entwickelt werden:

Physisches Wohlbefinden	Schmerzen
	Energie
	Mobilität
	Schlaf
	Aktivität
Psychisches Wohlbefinden	Positive Gefühle
	Negative Gefühle
	Kognitive Fähigkeiten
	Selbstachtung
	Körperbild
Soziale Teilhabe	Persönliche Beziehung
	Soziale Unterstützung
	Sexualität
	Intimität
Selbstbestimmung	Autonomie
	Unabhängigkeit
	Entscheidungsfreiheit
	Kontrolle
Rahmenbedingungen	Angebote zur Freizeitgestaltung
	Fachgerechte Pflege
	Räumliche Bedingungen
	Sicherheit / Schutz
	Finanzielle Mittel

Tabelle 3: Strukturbaum Lebensqualität in der stationären Pflege (Quelle: Eigene Darstellung)

1.2.2 Wesentliche Bestandteile und Instruktionen für einen Fragebogen zur Erfassung der Lebensqualität

Wesentliche Bestandteile eines Fragebogens umfassen eine Einleitung inklusive kurzer Vorstellung der Person oder Einrichtung, die diese Erhebung durchführt, eine Darstellung der zu untersuchenden Fragestellung sowie Hinweise bezüglich der Verwendungszwecke der gewonnen Daten und Zusicherung von Anonymität und Datenschutz. Des Weiteren sollten wichtige Instruktionen zum Aufbau des Fragebogens und dessen Bearbeitung vorgeben werden, mit der Bitte die Fragen möglichst vollständig und aufrichtig zu beantworten. Dabei sollte darauf hingewiesen werden, dass Fragen inhaltlich weder richtig noch falsch beantwortet werden können. Darauffolgend beginnt die eigentliche Befragung (Raab-Steiner & Benesch, 2018, S. 54). Zuletzt ist auch eine abschließende Danksagung Teil des Fragebogens und es sollten Informationen zu Rücksendeadresse und -datum bereitgestellt werden. Da es sich bei den befragten Teilnehmer*innen ausschließlich um erwachsene Personen handelt, soll die Anrede der Befragten „Sie" lautem (Raab-Steiner & Benesch, 2018, S. 54-55).

Beginnend mit der Einleitung ist es wichtig die Motivation zu Bearbeitung des Fragebogens möglichst zu steigern. Dies kann durch bestimmte Anreize ermöglicht werden, wie beispielsweise durch die Verlosung von Einkaufsgutscheinen oder anderweitigen Preisen für die Teilnehmer*innen (Kirchendorf, 2008, S. 29). Auch der Fragebogentitel ist bedeutsam für die Teilnehmermotivation, da er als Anhaltspunkt für

Thema und Zielgruppe dient. Hierzu soll der Titel „Lebensqualität für Senioren*innen in

Pflege" informativ, deutlich und die Zielgruppe ansprechend wirken. In der

Fragebogenkonstruktion wird die Zielsetzung des Fragebogens erläutert, die

Lebensqualität von pflegebedürftigen Personen zu messen, mit besonderer Hinsicht auf Differenzen stationärer und ambulanter Pflege. Zusätzlich werden Kontaktdaten der verantwortlichen Personen oder Institutionen bereitgestellt, um mögliche Rückfragen klären zu können. Nach Verweis auf Bearbeitungsinstruktionen und die notwenige Forschungsethik (Freiwilligkeit, Anonymität), beginnt die eigentliche Befragung. Die jeweiligen erarbeiteten Dimensionen für Lebensqualität werden dabei mit ihren zugehörigen Indikatoren in inhaltliche Frageblöcke unterteilt. Daraus entwickeln sich folglich fünf zu bearbeitende Frageblöcke, wodurch vermieden werden soll, dass Teilnehmer*innen zu oft gedankliche springen müssen. Beginnen sollte die Befragung mit möglichst einfachen Fragen, die einen sanften Einstieg in die Befragungssituation gewährleisten. Dazu eignet sich der Frageblock zur Dimension „Rahmenbedingungen", da es sich hier um ein vorwiegend sachliches Thema handelt. Mit steigender Spannungskurve sollten die besonders relevanten Themen im zweiten Drittel des Fragebogens angesprochen werden (Döring & Bortz, 2016, S. 406; Raithel, 2008, S. 7576). Die Themenblöcke „psychisches Wohlbefinden" und „physisches Wohlbefinden" sind in diesem Kontext besonders bedeutsam, da sie das persönliche Wohlbefinden der Teilnehmer*innen ermitteln sollen. Das „physische Wohlbefinden" sollte dabei zuerst befragt werden, damit mögliche negative Emotionen, die bei Fragen zum „psychischen Wohlbefinden" (z.B. negative Gefühle, Selbstwert etc.) hervorgerufen werden könnten, keinen negativen Einfluss auf die

Bewertung der eigenen physischen Gesundheit nehmen. Zum Abschluss sollen soziodemographische Daten erhoben werden, die besonders für die statistische Auswertung relevant sind und einen sanften, abflachenden Ausstieg aus der Befragung ermöglichen. Im Übergang zur abschließenden Danksagung kann zusätzlich die Möglichkeit zu weiteren Anmerkungen oder einem Feedback gegeben werden (Döring & Bortz, 2016, S. 406).

Hinsichtlich der Tatsache, dass es sich bei allem Befragten um Personen ab 80 Jahren handelt, scheint eine Online-Befragung weniger sinnvoll, da bei dieser Stichprobe ein Internetzugang und der Umgang mit digitalen Geräten bedeutsame Hürden darstellen können. Stattdessen soll die Befragung postalisch stattfinden, wobei ein Pencil-PaperFragebogen per Post verbreitet und auch wieder eingesammelt wird (Döring & Bortz, 2016, S. 413).

Die Befragungsdauer sollte im Allgemeinen eher kurzgehalten werden. Zwar besagt Raithel (2008), „dass auch Befragungen von 1 bis 1,5 Stunden Dauer vom Befragten dann nicht als problematisch angesehen werden, wenn das behandelte Thema den Befragten interessiert" (S. 77), dennoch sollte miteinbezogen werden, dass das hohe Alter der Teilnehmer*innen mit körperlichen Erschöpfungszuständen und Konzentrationsdefiziten einhergehen kann. Somit scheint eine Befragungslänge von 30 bis maximal 45 Minuten sinnvoll.

Aufgabe 2

2. Lage- und Streuparameter als Basis der deskriptiven Statistik

Die deskriptive Statistik, auch beschreibende Statistik genannt, befasst sich mit der quantitativen Beschreibung von Daten. Sie vereint dabei sämtliche Methoden, die das Ziel verfolgen empirische Daten zusammengefasst darzustellen und zu beschreiben. Darunter fallen unter anderem Kennwerte, Grafiken und Tabellen (Schäfer, 2016, S. 47; Völkl & Korb, 2018, S. 2). In dieser Einsendeaufgabe soll der Fokus auf Kennwerte gelegt werden, die dazu dienen Daten zu repräsentieren und ihre Verteilung zu beschreiben bzw. Häufigkeitsverteilungen zu Charakterisieren. Dabei muss berücksichtigt werden, dass bei der Verdichtung von Daten über Häufigkeitsverteilungen zu Maßzahlen immer ein gewisser Informationsverlust einhergeht (Behr, 2019, S. 49; Benninghaus, 2007, S. 36). Benninghaus (2007) merkt dazu an „Dieser Verlust wird jedoch in Kauf genommen, weil Maßzahlen leichter vergleichbar und mittelbar sind als Häufigkeitsverteilungen." (S. 36). In der deskriptiven Statistik unterscheidet man die Lage- und die Streuungsparameter (Benninghaus, 2007, S. 36). Alle Daten besitzen dabei Lage- und Streuungseigenschaften, die zur Beschreibung von Daten herangezogen werden können. Die Parameter unterscheiden sich durch die jeweilige Perspektive, durch die die Daten betrachtet werden, nämlich der Lage und der Streuung, also Abweichung. Zusammen ergänzen sich die Informationen von Lage- und Streuungsparametern, sodass sich ein Gesamtbild entwickelt (Schendera, 2015, S. 113-114). Dabei gilt, dass zu jedem Lagemaß auch ein Streuungsmaß angeben werden sollte (Schäfer, 2016, S. 62). Im folgenden Kapitel sollen diese beiden Parameter genauer definiert werden und jeweils drei Beispiele jeweiliger Kennwerte erläutert werden.

2.1 Lageparameter

Lageparameter beschreiben das Zentrum einer Häufigkeitsverteilung bzw. die zentrale Tendenz eines Merkmals (Behr, 2019, S. 49; Kosfeld, Eckey & Türck, 2016, S. 67). Darrausfolgend lässt sich das mittlere Niveau eines Merkmals benennen. Beispiele für Lageparameter stellen unter anderem das Durchschnittseinkommen oder die mittlere Lebensdauer von technischen Geräten dar (Behr, 2019, S. 49). Welches Lagemaß sinnvoll für die Beschreibung ist, hängt vom Skalenniveau der Daten ab (Schäfer, 2016, S. 52). Im Folgenden sollen drei wichtige Lageparameter vorgestellt werden sowie deren jeweils vorauszusetzenden Skalenniveaus erläutert werden. Diese drei typischen Kennwerte sind der Modus, der Median und das arithmetische Mittel (Benninghaus, 2007, S. 37).

2.1.1 Der Modus

Der Modus ($x_{I''#}$), oder auch Modalwert gibt an, welche Merkmalsausprägung in einer Verteilung am häufigsten vorkommt (Schäfer, 2016, S. 52-53). Er wird als typischster bzw. häufigster Wert interpretiert. Liegen zwei Merkmalsausprägungen mit maximaler Häufigkeit vor, so gibt es zwei Modalwerte und es wird von einer bimodalen Verteilung gesprochen (Kosfeld, Eckey & Türck, 2016, S. 68). Der Modus kann bei jedem beliebigen Skalenniveau angewendet werden und ist für normalskalierte Daten der einzige zulässige Lageparameter (Toutenburg & Heumann, 2008, S. 50).

2.1.2 Der Median

Der Median (x'') oder auch Zentralwert, ergibt sich, wenn alle Werte einer Verteilung in aufsteigender Reihenfolge geordnet werden ($x_\$ \leq \cdots \leq x_\%$) und dann der mittlere Wert betrachtet wird. Bei einer geraden Anzahl von Werten liegt der Median zwischen den zwei mittleren Werten und bildet sich aus dessen Mittelwert (Schäfer, 2016, S. 54). Der Median teilt also die Merkmalswerte in zwei gleich große Hälften, wobei 50% der Merkmale kleiner oder gleich und 50% der Merkmale größer oder gleich dem Median sind. Folglich ist der Median nur sinnvoll zu berechnen, wenn die Werte nach Größe sortiert werden können, wodurch mindestens eine Ordinalskala Voraussetzung ist. Eine positive Eigenschaft des Medians äußert sich darin, dass er relativ unempfindlich gegenüber Ausreißerwerten ist (Kosfeld, Eckey & Türck, 2016, S. 72-78).

2.1.3 Das arithmetische Mittel

Das arithmetische Mittel ($\bar{x}$) oder auch der Mittelwert wird häufig dann berechnet, wenn nach einem Durchschnitt gefragt wird (Kosfeld et al., 2016, S. 79). Es ergibt sich aus der Summe aller Einzelwerte, geteilt durch die Anzahl dieser Werte, wodurch schlussfolgernd mindestens eine metrische Skala Voraussetzung wird (Kosfeld, et al., 2016, S. 79; Schäfer, 2016, S. 55). Anders als bei Modus und Median ist der Mittelwert also nicht direkt aus den Rohdaten entnehmbar, sondern muss rechnerisch ermittelt werden.

Möglich ist dies mit der Formel: $\sum_{\%\&'\$} x_\&$

$$\bar{x} = \frac{}{N}$$

Formel 1: Arithmetisches Mittel (Quelle: Eigene Darstellung in Anlehnung an Kosfeld et al., 2016, S. 80)

$x_\&$ steht in dieser Formel für die jeweils einzelnen Messwerte, wobei das i für Index steht. Das Summenzeichen Σ zeigt an, dass die Werte aller i Messwerte aufsummiert werden müssen. Das N bezieht sich auf die Stichprobengröße.

2.2 Streuparameter

Ebenso wie die Lagemaße liefern auch die Streuparameter eine komprimierte Auskunft zu einer Häufigkeitsverteilung. Sie geben Werte darüber an, wie die Daten einer Verteilung streuen, d.h. wie stark die Merkmalswerte voneinander abweichen (Kosfeld, Eckey & Türck, 2016, S. 109-110; Schäfer, 2016, S. 60). Streungsmaße sollten immer ergänzend zum Mittelwert angeben werden. Dabei gilt „Streuen die Merkmalswerte gering, dann repräsentiert der Mittelwert eine Häufigkeitsverteilung besser als bei weit auseinander liegenden Merkmals- werten." (Kosfeld, Eckey & Türck, 2016, S. 109). Es kann zwischen verschiedenen Streuparametern differenziert werden, wobei diese sich dahingehend unterscheiden, ob sie die Abweichung der Merkmalswerte vom Mittelwert messen (z.b. Spannweite und Quartilsabstand) oder den Abstand zwischen zwei Ordnungsstatistiken messen (z.b. Standardabweichung und Varianz). Für alle Streumaße dessen Berechnung gilt eine metrische Skala als Vorrausetzung (Kosfeld, Eckey & Türck, 2016, S. 110). Im Folgenden sollen die Spannweite, die Varianz und die Standardabweichung genauer beleuchtet werden.

2.2.1 Die Spannweite

Die Spannweite (R) kann aus der Differenz zwischen dem größten und kleinsten vorliegenden Wert einer Verteilung ermittelt werden (Schäfer, 2016, S. 62). Damit ist sie das am einfachsten zu bestimmende Streuungsmaß und gibt Auskunft darüber, in welchem Bereich sich die Einzelwerte befinden. Dadurch, dass die Spannweite sich ausschließlich aus den beiden Extremwerten einer Verteilung ergibt, ist sie stark anfällig für Ausreißerwerte, was sich als nachteilig für die Beschreibung erweisen kann (Kosfeld, Eckey & Türck, 2016, S. 113).

2.2.2 Die Varianz und die Standardabweichung

Varianz (s^2) und Standardabweichung (s) geben Auskunft darüber, inwieweit alle Werte einer Verteilung von ihrem gemeinsamen Mittelwert abweichen (Schäfer, 2016, S. 64). Die Varianz ist dabei die durchschnittliche quadrierte Abweichung aller Werte vom arithmetischen Mittel (Behr, 2019, S. 54). Da die Varianz aufgrund der Quadrierung von Abweichungen vorliegt, ist ihre Interpretation erschwert. Aufgrund dessen wird häufig auf die Standardabweichung zurückgegriffen, welche sich aus der Quadratwurzel der

Varianz ergibt:$s = \sqrt{s^2}$. (Kosfeld et al., 2016, S.120)

Folglich beschreibt die Standardabweichung die durchschnittliche Abweichung der Merkmalswerte vom arithmetischen Mittel (Schendera, 2015, S. 143).

2.3 Beispielhafte Berechnung der Lage- und Streuparameter

Die einzeln vorgestellten Parameter sollen im Folgenden anhand einer fiktiven Tabelle der Altersverteilung von 20 Kindern aus einer jahrgangsgemischten Grundschulklasse bestimmt bzw. berechnet werden.

Schüler*in	Alter	Schüler*in	Alter
1	5	11	9
2	6	12	6
3	11	13	6
4	10	14	10
5	5	15	10
6	7	16	8
7	9	17	5
8	8	18	8
9	6	19	10
10	6	20	7

Tabelle 4: Altersverteilung von 20 Kindern aus einer jahrgangsgemischten Grundschulklasse (Quelle: Eigene Darstellung)

Der Modus x_{mod} des Alters der Schüler*innen kann ermittelt werden, indem die jeweils gleichaltrigen Schüler zusammengefasst werden und die Gleichaltrigen-Gruppe mit den meisten Gruppenmitgliedern erfasst wird. Dieser Vorgang soll in der folgenden Tabelle veranschaulicht werden.

Schüler*innen	Alter	Anzahl
1; 5; 17	5	3
2; 9; 10; 12; 13	6	5
6; 20	7	2
8; 16; 18	8	3
7; 11	9	2
4; 14; 15; 19	10	4
3	11	1

Tabelle 5: Gruppen der Gleichaltrigen (Quelle: Eigene Darstellung)

Da die Gruppe an sechsjährigen Schüler*innen am stärksten vertreten ist, liegt der Modus bei $x_{!"\#} = 6$.

Um den Median x'' zu ermitteln, muss die Verteilung der Altersklassen in aufsteigender Reihenfolge geordnet werden. Die Anzahl der Messwerte ist dabei gerade, wodurch der Median aus den Durschnitt der beiden mittleren Werte berechnet wird.

5,5,5,6,6,6,6,6,7, 7,8 , 8,8,9,9,10,10,10,10,11

Folglich beträgt der Median: $x'' = {}^\$ (7 + 8) = 7,5$ *Jahre*.

Als nächstes soll das arithmetische Mittel $\bar{x}$ berechnet werden. Dazu kann die in Kapitel 2.1.3 erläuterte Formel für den Mittelwert angewendet werden, wobei das Produkt der addierten Messwerte $x_\&$ durch die Stichprobengröße $N=20$ geteilt wird.

$$\bar{x} = \frac{\sum_{i=1}^{n} x_i}{N} = \frac{(5+5+5+6+6+6+6+6+7+7+8+8+8+9+9+10+10+10+10+11)}{20} = 6,8$$

Jahre.

Die Alterspannweite R soll mittels folgender Formel ermittelt werden:

$$R = x_{!5^*} - x_{!\&\%}$$

Formel 2: Spannweite (Quelle: Eigene Darstellung in Anlehnung an Kosfeld et al., 2016, S. 111)

Dabei entspricht der maximale Wert $x_{15*} = 11$ und der minimale Wert $x_{!&\%} = 5$. Somit beträgt die Altersspannweite: $R \quad = \quad 11 - 5 = \quad 6 \quad$ *Jahre.*

Zuletzt sollen die Streuparameter Varianz $s^($ und Standardabweichung s berechnet werden. Die Varianz kann dabei anhand der folgenden Formel errechnet werden:

$$s \quad \frac{(= \sum \%\&'\$(x\& - \bar{x})(}{N}$$

Formel 3: Varianz (Quelle: Eigene Darstellung in Anlehnung an Kosfeld et al., 2016, S. 120)

Während x den Wert der einzelnen Schüler*innen repräsentiert, zeigt i erneut den Laufindex von der ersten bis zur n-ten Versuchsperson an. $\bar{x}$ entspricht dem bereits ermittelten Mittelwert der Schüler*innenverteilung von 6,8 Jahren. N ergibt sich weiterhin aus der Strichprobengröße. Folglich entspricht die Varianz:

$\sum_{i=1}^{n}(x_i - x) = (5 - 6,8)^2 + (5 - 6,8)^2 + (5 - 6,8)^2 + (6 - 6,8)^2 + (6 - 6,8)^2 + (6 - 6,8)^2 + (6 - 6,8)^2 + (6 - 6,8)^2 + (6 - 6,8)^2 + (7 - 6,8)^2 + (7 - 6,8)^2 + (8 - 6,8)^2 + (8 - 6,8)^2 + (8 - 6,8)^2 + (9 - 6,8)^2 + (9 - 6,8)^2 + (10 - 6,8)^2 + (10 - 6,8)^2 + (10 - 6,8)^2 + (10 - 6,8)^2 + (10 - 6,8)^2 + (11 - 6,8)^2 = 85,33$ –

$N = 20$

$s^(= \underline{\quad\quad}^{1-,77}_{(3} = 4,2665$

Für die Standardabweichung wird die Wurzel der Varianz berechnet:

$s = \overline{;4,2665} \approx 2,07$ Jahre

Aufgabe 3

3. Deskriptive und inferenzstatistische Analyse

Im vorliegenden Kapitel soll eine deskriptive und inferenzstatistische Analyse des vorliegenden Datensatzes ZA6759_Arbeitnehmer_v1-0-0.sav mit Hilfe des Programms IBM SPPS durchgeführt werden. Die Daten entstammen dabei einer telefonischen Befragung von 5000 Beschäftigten in Deutschland, die im Rahmen der Dachevaluation der Gemeinsamen Deutschen Arbeitsschutzstrategie (GDA) von Infratest im Jahr 2015 durchgeführt wurde.

Vor Beginn der Analyse muss darauf hingewiesen werden, das Daten die als fehlend definiert wurden nicht in die Analyse miteinbezogen werden.

3.1 Altersverteilung

Zunächst soll die Variable „Alter" hinsichtlich der Altersverteilung der Teilnehmer*innen analysiert werde. Wie in Tabelle 6 zu erkennen, werden 15 von 5000 Werten als fehlend definiert und somit nicht in die Analyse miteinbezogen.

Die dazugehörige Tabelle findet sich in Anlage 1.

Statistiken

Alter

N	Gültig	4985
	Fehlend	15
Mittelwert		47,24
Median		49,00
Modus		52
Std.-Abweichung		10,483
Minimum		15
Maximum		80

Tabelle 6: Altersverteilung (Quelle: Eigene Darstellung mit IBM SPSS)

Es zeigt sich bei 4985 ausgewerteten Antworten, dass die Alterspanne der Teilnehme*innenr zwischen 15 und 80 Jahren liegt. Das durchschnittlich Alter liegt bei 47,24 Jahren mit einer Standardabweichung von 10,483 Jahre. Folglich sind die

Teilnehmer durchschnittlich zwischen 36,757 und 47,723 Jahre alt. Der Median liegt bei 49 Jahren, was bedeutet das 50% der Teilnehmer*innen genau 49 Jahre oder jünger sind und die anderen 50% der Teilnehmer*innen genau 49 Jahre oder älter sind. Die an der stärksten vertretenden Gruppe, ist die der Teilnehmer, die 52 Jahre alt sind.

3.2 Geschlechterverteilung

Als nächstes soll die Variable „Geschlecht der Teilnehmer*innen" untersucht werden, um einen Überblick über die Geschlechterverteilung zu schaffen.

In SPSS wurde dabei das Geschlecht „männlich" als 1 codiert, während weiblich als 2 codiert wurde. In Tabelle 7 ist zu erkennen, dass alle 5000 Antworten als gültig bewertet wurden.

Statistiken

Geschlecht

N	Gültig	5000
	Fehlend	0
Modus		2

Tabelle 7: Geschlechterverteilung (Quelle: Eigene Darstellung mit IBM SPSS)

Die zugehörige Tabelle findet sich in Anlage 2 und zeigt an, dass 2086 Männer und 2914 Frauen befragt wurden. Der Modus von 2 (weiblich) gibt an, dass mehr Frauen als Männer an der Befragung teilgenommen haben. Zu erkennen ist dies deutlich im Kreisdiagramm der Abbildung 1.

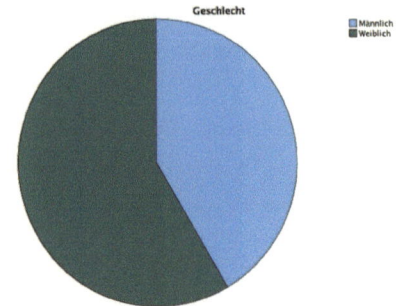

Abbildung 1: Kreisdiagramm: Geschlechterverteilung (Quelle: Eigene Darstellung mit IBM SPSS)

3.3 Verteilung von Mitarbeiter*innen mit und ohne Personalverantwortung

Im Folgenden soll nun die Verteilung von Führungskräften und Mitarbeiter*innen ohne Personalverantwortung, die befragt wurden, grafisch dargestellt werden. Dazu müssen zunächst die Werte „weiß nicht" (8) und „keine Angabe" (9) als fehlend definiert werden, damit die Verteilung entsprechend berechnet werden kann. Dies trifft auf 13 Werte zu. Die dazugehörige Tabelle findet sich in Anlage 3.

Die Verteilung der Mitarbeiter*innen mit und ohne Personalverantwortung wird folgend in einem Kreisdiagramm in Abbildung 2 dargestellt.

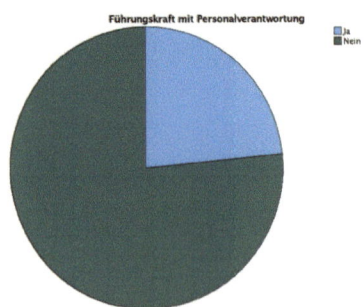

Abbildung 2: Kreisdiagramm: Mitarbeiter*innen mit und ohne Personalverantwortung (Quelle: Eigene Darstellung mit IBM SPSS)

3.4 Belastung der Befragten

In den Variablen W15A212a bis W15A212h wurden die Teilnehmer*innen hinsichtlich Belastung und Gefährdung bei ihrer Arbeit befragt. Aus dem Fragen kann eine Häufigkeitsverteilung bezüglich der Häufigkeit der vorkommenden Belastungen/Gefährdungen ermittelt werden, welcher die Befragten ausgesetzt sind. Dazu sollte folgender Ausschnitt des Fragebogens bearbeitet werden.

W15A212

`*alle AN`

Kommen die folgenden möglichen Belastungen und Gefährdungen bei Ihrer **[wenn W15A200 = 1: gegenwärtigen]** Arbeit fast immer, eher häufig, eher selten oder fast nie vor?

	Fast immer 1	Eher häufig 2	Eher selten 3	Fast nie 4	WN 8	KA 9
A Belastungen durch bewegungsarme Tätigkeiten	□	□	□	□	□	□
B Belastungen durch die Arbeitsumgebung, z. B. durch Lärm, Hitze, Kälte oder Staub	□	□	□	□	□	□
C Schwere körperliche Belastungen, z. B. durch zu hebende Lasten oder ungünstige Körperhaltungen	□	□	□	□	□	□
D Gefährdungen durch den Umgang mit Maschinen und Arbeitsgeräten	□	□	□	□	□	□
E Gefährdungen durch den Umgang mit Gefahr- oder Biostoffen	□	□	□	□	□	□
F Psychische Belastungen durch den Umgang mit schwierigen Personengruppen, z. B. unzufriedene Kunden oder Patienten	□	□	□	□	□	□
G Psychische Belastungen, z. B. durch Arbeit unter hohem Zeit- oder Leistungsdruck	□	□	□	□	□	□
H Belastungen durch soziale Beziehungen, z. B. durch Konflikte unter Kollegen oder die Führungskultur	□	□	□	□	□	□

Abbildung 3: Fragebogenausschnitt zum Thema Belastung (Quelle: Aufgabenstellung)

Wie in Abbildung 4 zu erkennen, handelt es sich um acht Fragen, die mittels sogenannten Ratingskalen beantwortet werden können. Bei Ratingskalen können die Befragten bei der Beantwortung zwischen mindestens drei oder mehr abgestuften Antwortkategorien wählen (Raab-Steinert & Benesch, 2018, S. 58). Im vorliegenden Fragebogenausschnitt konnten die Teilnehmer*innen zwischen vier Antwortmöglichkeiten wählen, wobei der niedrigste Wert (1) für die höchste Merkmalsausprägung „Fast immer" steht, während der höchste Wert (4) für die niedrigste Merkmalsausprägung „Fast nie" steht. Dazwischenliegend sind die Werte (2) für „Eher häufig" und (3) für „Eher selten". Folglich sind die Variablen zur Belastung ordinalskaliert, da sie eine quantitative Aussage machen bzw. eine „größer-kleiner-Relation" vorliegt (Schäfer, 2016, S. 25). Da zur Ermittlung von Streuungsmaßen eine metrische Skala voraussetzend ist, sollten für die vorliegenden ordinalskalierten Variablen nur Lagemaße als geeignete Deskriptivstatistik für die Belastung der Befragten angegeben werden (Kosfeld et al., 2016, S. 110). Für die ordinalskalierten Variablen können der Modus und der Median berechnet werden (Kosfeld et al., 2016, S. 67). Die Zugehörigen Tabellen sind in Anlage 4-11 zu finden.

Statistiken

		Belastung: bewegungsar me Tätigkeiten	Belastung: Arbeitsumge bung	Belastung: Schwere körperliche Belastungen	Belastung: Umgang mit Maschinen und Arbeitsgerät e	Belastung: Umgang mit Gefahr- oder Biostoffen	Belastung: Umgang mit schwierigen Personengru ppen	Belastung: Zeitdruck oder organisatoris ch bedingte Probleme	Belastung: soziale Beziehungen
N	Gültig	4963	4979	4991	4982	4984	4990	4982	4987
	Fehlend	37	21	9	18	16	10	18	13
Median		3,00	3,00	3,00	4,00	4,00	3,00	2,00	3,00
Modus		4	4	4	4	4	3	2	3

Tabelle 8: Modus und Median der Variablen des Fragebogenausschnitts Belastung (Quelle: Eigene Darstellung mit IBM SPSS)

Im Folgenden soll die Variable „Belastung: Schwere körperliche Belastung" (W15A212c) als Beispiel erläutert werden. Von 5000 wurden 9 werte als fehlend definiert, die in der Analyse nicht berücksichtigt werden. Der Modus dieser Variable beträgt 4, was bedeutet, dass die meisten Teilnehmer*innen die eine schwere körperliche Belastung in ihrer Arbeit als „Fast nie" vorkommend bewertet haben. Der Median von 3 zeigt an, dass 50% der Teilnehmer*innen einer „Eher seltenen" oder weniger schweren Belastung ausgesetzt sind und die anderen 50% auch einer „eher seltenen" schweren körperlichen Belastung oder mehr ausgesetzt sind.

Berechnet man den Mittelwert für die physische Belastung aus den Variablen W15A212b bis W15A212e sowie die psychische Belastung aus den Variablen W15A212f bis W15A212h, so ergeben sich zwei neu berechnete Variablen, die des Weiteren als VphysBelastung für die physische Belastung und VpsychBelastung für die physische

Belastung betitelt werden. Dessen zugehörige Tabellen finden sich in Anlage 12 und Anlage 13.

Da es sich bei den neuen Variablen um metrische Variablen handelt, kann als geeignete Deskriptivstatistik das arithmetische Mittel ermittelt werden, welche „stellvertretend für alle Merkmalswerte einer Häufigkeitsverteilung" steht (Kosfeld et al., 2016, S. 67+109). Dabei sollte zum Lagemaß auch das entsprechende Streuungsmaß angeben werden, um aus der Streuung der Merkmalswerte die Repräsentativität des Mittelwerts bewerten zu können. Dabei gilt je geringer die Merkmalswerte streuen, desto besser repräsentiert der Mittelwert die Häufigkeitsverteilung (Kosfeld et al., 2016, S. 109). Ein geeigneter Streuungsparameter stellt die Standardabweichung dar, da sie aufzeigt, wie weit alle Werte in ihrer Streuung durchschnittlich vom Mittelwert abweichen (Schäfer, 2016, S.

64). Übertragen bedeutet dies, dass bei einer engen Streuung, die Antworten der Teilnehmer*innen hinsichtlich ihrer Belastung durchschnittlich nahe am Mittelwert liegen und somit ähnlicher ausfallen. Eine starke bzw. weite Streuung hieße, dass die Werte weit vom Mittelwert entfernt sind. In Tabelle 9 wurde nun der Mittelwert und die Standardabweichung für die psychische und physische Belastung berechnet.

Statistiken

		VphysBelastu ng	VpsychBelast ung
N	Gültig	4996	4999
	Fehlend	4	1
Mittelwert		3,2148	2,7659
Std.-Abweichung		,72543	,71940

Tabelle 9: Mittelwert der Variablen VphysBelastung und VpsychBelastung (Quelle: Eigene Darstellung mit IBM SPSS)

Für die physische Belastung liegen vier als fehlend definierte Werte vor, während für die physische Belastung ein Wert als fehlend definiert ist. Damit liegen für beide Variablen ähnlich viele gültige Werte vor. Das arithmetische Mittel für VphysBelastung liegt bei 3,2148 und der Mittelwert für VpsychBelastung liegt bei 2,7659, womit sich die beiden Durchschnittswerte um 0,4489 unterscheiden. Die Standardabweichung von VphysBelastung = 0,72543 und VpsychBelastung = 0,71940 unterscheidet sich mit 0,00603 kaum merklich. Aus diesen Ergebnissen lässt sich schließen, dass die Teilnehmer*innen eher eine psychische Belastung in ihrer Arbeit angaben als eine physische Belastung.

3.5 Inferenzstatistische Analyse

Im Folgenden soll mittels einer inferenzstatistischen ermittelt werden, ob sich die Stärke der psychischen und physischen Belastung zwischen Mitarbeiter*innen ohne Personalverantwortung und Führungskräften unterscheidet.

Durch Inferenzstatistik soll ermöglicht werden, Schlüsse von einer Stichprobe auf eine Population zu ziehen bzw. Aussagen über dessen Güte zu treffen (Schäfer, 2016, S. 111). Im ersten Schritt der inferenzstatistischen Analyse sollen zunächst Hypothesen aufgestellt werden (Häder, 2015, S. 443).

3.5.1 Hypothesen

In der empirischen Forschung werden Annahmen anhand von Hypothesen formuliert und mittels eines statistischen Hypothesentests geprüft. Hypothesentests werden eingesetzt, um zu bewerten, „ob eine Aussage darüber, dass ein Parameter in einem bestimmten Bereich liegt oder einem bestimmten Wert hat, wahr oder falsch ist" (Naumann & Bühner, 2020, S. 35). Ein häufig angewandter Test stellt der Nullhypothesen-Signifikanztest dar.

Es werden dazu zwei Hypothesen aufgestellt, die Nullhypothese (H_3) und die Alternativhypothese (H_s). Die Nullhypothese drückt das Gegenteil der

Forschungshypothese aus, während die Alternativhypothese, wie der Name besagt, die Alternative zu zur H_3-Hypothese beinhaltet (Döring & Bortz, 2016, S. 52-53).

Folglich ergeben sich zwei Hypothesen:

H_3 = Die Stärke der psychischen und physischen Belastung zwischen Mitarbeiter*innen ohne Personalverantwortung und Führungskräften unterscheidet sich nicht.

H_3: $\mu89:5;<=\%>$ "@%9 Aü@C=%>;9C5%<D"C<=%> $\neq \mu_{Belastung\ mit}$ Aü@C=%>;E9C5%<D"C<=%>

H_s = Die Stärke der psychischen und physischen Belastung zwischen Mitarbeiter*innen ohne Personalverantwortung und Führungskräften unterscheidet sich.

H_s: $\mu89:5;<=\%>$ "@%9 Aü@C=%>;9C5%<D"C<=%> $= \mu89:5;<=\%>$!&< Aü@C=%>;E9C5%<D"C<=%>

Es handelt sich bei der aufgestellten H_s-Hypothese um eine gerichtete Hypothese, da sie die Richtung des postulierten Effekts vorgibt. Die Hypothesen sind also Wahrscheinlichkeitsaussagen, die eine verallgemeinernde Behauptung über eine Population treffen (Döring & Bortz, 2016, S. 147). Für den Signifikanztest muss zuvor eine Irrtumswahrscheinlichkeit α festgelegt werden. Nach Döring & Bortz (2016) ist ein Ergebnis statistisch signifikant, „wenn die Irrtumswahrscheinlichkeit p (d. h. die Auftretenswahrscheinlichkeit des Stichprobenergebnisses unter der Annahme, dass in der Population kein Effekt vorliegt) kleiner als das Falsifikationskriterium festgelegte Signifikanzniveau von üblicherweise $\alpha = 5\%$ ausfällt" (S. 53). In diesem Kontext wird die fehlerhafte Annahme, dass die H_5-Hypothese auf die Population übertragbar ist, obwohl eigentlich die H_3-Hypothese zutreffend ist, als α-Fehler (Fehler erster Art) bezeichnet. Wird fälschlicherweise die H_3-Hypothese bestätigt, obwohl diese eigentlich unzutreffend ist, spricht man von einem β-Fehler (Häder, 2015, S. 433-434).

Auch hier soll das gängige Signifikanzniveau 0,05 (also 5%) festgelegt werde.

3.5.2 t-Test

Der t-Test stellt eine geeignete Analysemethode dar, um zu prüfen, ob sich zwei Mittelwerte signifikant voneinander unterscheiden. Dabei kann es sich sowohl um eine abhängige als auch um eine unabhängige Stichprobe handeln (Schäfer, 2016, S. 205). Voraussetzend für den t-Test sind die Unabhängigkeit der vergleichenden Beobachtungen, die Intervallskaliertheit der Daten sowie eine Normalverteilung der Population (Assen, 2019, S. 95; Raab-Steinert & Benesch., 2018, S. 217). Bei den zu untersuchenden Stichproben handelt es sich um unabhängige Stichproben, da die Daten nicht aus einer sondern zwei verschiedenen Strichproben bezogen werden (die psychische und physische Belastung von Führungskräften und Mitarbeiter*innen ohne Personalverantwortung). Aufgrund dessen ist zusätzlich eine Varianzhomogenität eine weitere Bedingung (Assen, 2019, S. 94-95).

Zunächst soll geprüft werden, ob eine Normalverteilung vorliegt. Dazu würde sich beispielsweise der Kolmogorov-Smirnov-Test eignen. Da in der vorliegenden Untersuchung der Stichprobenumfang beider Stichproben aber deutlich über n>50 (VpsychBelastung n = 4999; VphysBelastung n = 4996) beträgt, kann der t-Test auch ohne Prüfung der Normalverteilung angewandt werden, da er sich als sehr robust gegenüber einer Verletzung der Normalverteilung erweist (Raab-Steinert & Benesch, 2018, S. 217).

Als nächstes muss geprüft werden, ob eine Varianzhomogenität vorliegt, was bei SPSS mittels des F-Tests automatisch beim t-Test errechnet wird (Assen, 2019, S. 95). Ist der Varianzwert bei >0,05, so kann von einer gleichen Varianz ausgegangen werden (RaabSteinert & Benesch, 2018, S. 219).

Test bei unabhängigen Stichproben

		Levene-Test der Varianzgleichheit		t-Test für die Mittelwertgleichheit					95% Konfidenzintervall der Differenz	
		F	Sig.	T	df	Sig. (2-seitig)	Mittlere Differenz	Standardfehler erdifferenz	Unterer Wert	Oberer Wert
VphysBelastung	Varianzen sind gleich	1,437	,231	-,496	4981	,620	-,01202	,02425	-,05955	,03551
	Varianzen sind nicht gleich			-,489	1897,309	,625	-,01202	,02456	-,06019	,03615
VpsychBelastung	Varianzen sind gleich	14,715	,000	-7,936	4984	,000	-,18954	,02388	-,23636	-,14272
	Varianzen sind nicht gleich			-8,116	2008,016	,000	-,18954	,02335	-,23534	-,14374

Tabelle 10: t-Test (Quelle: Eigene Darstellung mit IBM SPSS)

In Tabelle 10 ist zu erkennen, dass die Varianz für VphysBelastung mit 0,231 größer als 0,05 ist und damit die Annahme der Varianzhomogenität erfüllt ist. Daher können in der weiteren Analyse des t-Tests für VphysBelastung die Werte aus der Spalte „Varianzen sind gleich" entnommen werden. Der 2-seitige Signifikanzwert für VphysBelastung liegt bei 0,620 und ist damit größer als das festgelegte Signifikanzniveau von p=0,05. Somit liegt für VphysBelastung kein signifikantes Ergebnis vor und es kann sich für H_3 entschieden werden. Die Varianz für VpsychBelastung liegt bei >0,05, wodurch keine gleiche Varianz gegeben ist. Auch der Signifikanzwert ist kleiner als 0,05 und folglich liegt ein signifikantes Ergebnis vor. Daher fällt für VpsychBelastung die Entscheidung auf H_5.

Des Weiteren lässt sich aus den Mittelwerten der Tabelle 11 ablesen, dass bei VphysBelastung bei Mitarbeiter*innen mit Personalverantwortung mit $\bar{x}$ = 3,2063 und bei Mitarbeiter*innen ohne Personalverantwortung mit $\bar{x}$ = 3,2183 sehr ähnliche Werte vorliegen. Bei VpsychBelastung weisen Mitarbeiter*innen mit Personalverantwortung mit einer Differenz von 0,1896 einen etwas höheren Mittelwert auf als Mitarbeiter*innen ohne Personalverantwortung.

Gruppenstatistiken

	Führungskraft mit Personalverantwortung	N	Mittelwert	Standardabweichung	Standardfehler des Mittelwertes
VphysBelastung	Ja	1168	3,2063	,73867	,02161
	Nein	3815	3,2183	,72082	,01167
VpsychBelastung	Ja	1169	2,6216	,69151	,02023
	Nein	3817	2,8112	,72137	,01168

Tabelle 11: Mittelwerte von VpsychBelastung und VphysBelastung von Mitarbeiter*innen mit und ohne Perspnalvernatwortung (Quelle: Eigene Darstellung mit IBM SPSS)

3.6 Fazit

Aus den dargelegten Ergebnissen lassen sich hinsichtlich der Frage, ob sich die Stärke der physischen und der psychischen Belastung zwischen Mitarbeiter*innen ohne Personalverantwortung und Führungskräften unterscheidet, folgende Schlussfolgerungen ziehen. Alle Teilnehmer*innen, unabhängig von ihrer Personalverantwortung, gaben eine stärkere psychische als physische Belastung an. Für die physische Belastung konnte bei

Mitarbeiter*innen mit und ohne Personalverantwortung keine Unterschiede festgestellt werden. Dennoch wurden hinsichtlich der psychischen Belastung Unterschiede zwischen Mitarbeiter*innen mit Personalverantwortung und Mitarbeiter*innen ohne Personalverantwortung erkennbar. Dabei weisen Führungskräfte mit Personalverantwortung eine stärkere empfundene psychische Belastung auf, die im Durchschnitt zwischen „Eher selten" und „Eher häufig" liegt.

Daraus kann die Vermutung aufgestellt werden, dass Führungskräfte mit Personalverantwortung möglicherweise einem größerem betrieblichen Gesundheitsrisiko ausgesetzt sind. Daher wäre als anschließende Forschungsfrage interessant zu ermitteln, welche Risikofaktoren sich aus dem Status der Führungskraft ergeben, um mögliche Präventions- und Interventionsmaßnahmen zu entwickeln, damit das mögliche Gesundheitsrisiko minimiert werden kann.

Anlagen

Alter

		Häufigkeit	Prozent	Gültige Prozente	Kumulierte Prozente
Gültig	15	2	,0	,0	,0
	16	2	,0	,0	,1
	17	5	,1	,1	,2
	18	9	,2	,2	,4
	19	20	,4	,4	,8
	20	20	,4	,4	1,2
	21	24	,5	,5	1,6
	22	22	,4	,4	2,1
	23	24	,5	,5	2,6
	24	26	,5	,5	3,1
	25	28	,6	,6	3,7
	26	43	,9	,9	4,5
	27	31	,6	,6	5,1
	28	38	,8	,8	5,9
	29	44	,9	,9	6,8
	30	66	1,3	1,3	8,1
	31	56	1,1	1,1	9,2
	32	65	1,3	1,3	10,5
	33	73	1,5	1,5	12,0
	34	77	1,5	1,5	13,5
	35	87	1,7	1,7	15,3
	36	109	2,2	2,2	17,5
	37	101	2,0	2,0	19,5
	38	89	1,8	1,8	21,3
	39	93	1,9	1,9	23,1
	40	111	2,2	2,2	25,4
	41	85	1,7	1,7	27,1
	42	109	2,2	2,2	29,3
	43	125	2,5	2,5	31,8
	44	141	2,8	2,8	34,6
	45	170	3,4	3,4	38,0
	46	145	2,9	2,9	40,9
	47	184	3,7	3,7	44,6
	48	172	3,4	3,5	48,1
	49	193	3,9	3,9	51,9
	50	210	4,2	4,2	56,1
	51	184	3,7	3,7	59,8
	52	220	4,4	4,4	64,3
	53	197	3,9	4,0	68,2
	54	188	3,8	3,8	72,0
	55	205	4,1	4,1	76,1
	56	175	3,5	3,5	79,6
	57	165	3,3	3,3	82,9
	58	167	3,3	3,4	86,3
	59	158	3,2	3,2	89,4
	60	147	2,9	2,9	92,4
	61	133	2,7	2,7	95,0
	62	101	2,0	2,0	97,1
	63	72	1,4	1,4	98,5
	64	44	,9	,9	99,4
	65	16	,3	,3	99,7
	66	3	,1	,1	99,8
	67	4	,1	,1	99,9
	68	1	,0	,0	99,9
	69	1	,0	,0	99,9
	71	2	,0	,0	99,9
	72	1	,0	,0	100,0
	75	1	,0	,0	100,0
	80	1	,0	,0	100,0
	Gesamt	4985	99,7	100,0	
Fehlend	Keine Angabe	15	,3		
Gesamt		5000	100,0		

28

Anlage 1: Altersverteilung (Quelle: Eigene Darstellung mit IBM SPSS)

Geschlecht

		Häufigkeit	Prozent	Gültige Prozente	Kumulierte Prozente
Gültig	Männlich	2086	41,7	41,7	41,7
	Weiblich	2914	58,3	58,3	100,0
	Gesamt	5000	100,0	100,0	

Anlage 2: Geschlechterverteilung (Quelle: Eigene Darstellung mit IBM SPSS)

Führungskraft mit Personalverantwortung

		Häufigkeit	Prozent	Gültige Prozente	Kumulierte Prozente
Gültig	Ja	1169	23,4	23,4	23,4
	Nein	3818	76,4	76,6	100,0
	Gesamt	4987	99,7	100,0	
Fehlend	Weiß nicht	9	,2		
	Keine Angabe	4	,1		
	Gesamt	13	,3		
Gesamt		5000	100,0		

Anlage 3: Mitarbeiter*innen mit und ohne Personalverantwortung (Quelle: Eigene Darstellung mit IBM SPSS)

Belastung: bewegungsarme Tätigkeiten

		Häufigkeit	Prozent	Gültige Prozente	Kumulierte Prozente
Gültig	Fast immer	730	14,6	14,7	14,7
	Eher häufig	1222	24,4	24,6	39,3
	Eher selten	1360	27,2	27,4	66,7
	Fast nie	1651	33,0	33,3	100,0
	Gesamt	4963	99,3	100,0	
Fehlend	Weiß nicht	28	,6		
	Keine Angabe	9	,2		
	Gesamt	37	,7		
Gesamt		5000	100,0		

Anlage 4: Belastung: bewegungsarme Tätigkeiten (Quelle: Eigene Darstellung mit IBM SPSS)

Belastung: Arbeitsumgebung

		Häufigkeit	Prozent	Gültige Prozente	Kumulierte Prozente
Gültig	Fast immer	737	14,7	14,8	14,8
	Eher häufig	1034	20,7	20,8	35,6
	Eher selten	1468	29,4	29,5	65,1
	Fast nie	1740	34,8	34,9	100,0
	Gesamt	4979	99,6	100,0	
Fehlend	Weiß nicht	13	,3		
	Keine Angabe	8	,2		
	Gesamt	21	,4		
Gesamt		5000	100,0		

Anlage 5: Belastung: Arbeitsumgebung (Quelle: Eigene Darstellung mit IBM SPSS)

Belastung: Schwere körperliche Belastungen

		Häufigkeit	Prozent	Gültige Prozente	Kumulierte Prozente
Gültig	Fast immer	637	12,7	12,8	12,8
	Eher häufig	848	17,0	17,0	29,8
	Eher selten	1155	23,1	23,1	52,9
	Fast nie	2351	47,0	47,1	100,0
	Gesamt	4991	99,8	100,0	
Fehlend	Weiß nicht	5	,1		
	Keine Angabe	4	,1		
	Gesamt	9	,2		
Gesamt		5000	100,0		

Anlage 6: Belastung: Schwere körperliche Belastung (Quelle: Eigene Darstellung mit IBM SPSS)

Belastung: Umgang mit Maschinen und Arbeitsgeräte

		Häufigkeit	Prozent	Gültige Prozente	Kumulierte Prozente
Gültig	Fast immer	339	6,8	6,8	6,8
	Eher häufig	424	8,5	8,5	15,3
	Eher selten	1044	20,9	21,0	36,3
	Fast nie	3175	63,5	63,7	100,0
	Gesamt	4982	99,6	100,0	
Fehlend	Weiß nicht	8	,2		
	Keine Angabe	10	,2		
	Gesamt	18	,4		
Gesamt		5000	100,0		

Belastung: Umgang mit Gefahr- oder Biostoffen

		Häufigkeit	Prozent	Gültige Prozente	Kumulierte Prozente
Gültig	Fast immer	214	4,3	4,3	4,3
	Eher häufig	357	7,1	7,2	11,5
	Eher selten	878	17,6	17,6	29,1
	Fast nie	3535	70,7	70,9	100,0
	Gesamt	4984	99,7	100,0	
Fehlend	Weiß nicht	11	,2		
	Keine Angabe	5	,1		
	Gesamt	16	,3		
Gesamt		5000	100,0		

Anlage 8: Belastung: Umgang mit Gefahr- und Biostoffen (Quelle: Eigene Darstellung mit IBM SPSS)

Belastung: Umgang mit schwierigen Personengruppen

		Häufigkeit	Prozent	Gültige Prozente	Kumulierte Prozente
Gültig	Fast immer	575	11,5	11,5	11,5
	Eher häufig	1395	27,9	28,0	39,5
	Eher selten	1669	33,4	33,4	72,9
	Fast nie	1351	27,0	27,1	100,0
	Gesamt	4990	99,8	100,0	
Fehlend	Weiß nicht	6	,1		
	Keine Angabe	4	,1		
	Gesamt	10	,2		
Gesamt		5000	100,0		

Anlage 9: Belastung: Umgang mit schwierigen Personengruppen (Quelle: Eigene Darstellung mit IBM SPSS)

Belastung: Zeitdruck oder organisatorisch bedingte Probleme

		Häufigkeit	Prozent	Gültige Prozente	Kumulierte Prozente
Gültig	Fast immer	833	16,7	16,7	16,7
	Eher häufig	1839	36,8	36,9	53,6
	Eher selten	1518	30,4	30,5	84,1
	Fast nie	792	15,8	15,9	100,0
	Gesamt	4982	99,6	100,0	
Fehlend	Weiß nicht	11	,2		
	Keine Angabe	7	,1		
	Gesamt	18	,4		
Gesamt		5000	100,0		

Anlage 10: Belastung: Zeitdruck oder organisatorisch bedingte Probleme (Quelle: Eigene Darstellung mit IBM SPSS)

Belastung: soziale Beziehungen

		Häufigkeit	Prozent	Gültige Prozente	Kumulierte Prozente
Gültig	Fast immer	201	4,0	4,0	4,0
	Eher häufig	832	16,6	16,7	20,7
	Eher selten	2319	46,4	46,5	67,2
	Fast nie	1635	32,7	32,8	100,0
	Gesamt	4987	99,7	100,0	
Fehlend	Weiß nicht	9	,2		
	Keine Angabe	4	,1		
	Gesamt	13	,3		
Gesamt		5000	100,0		

Anlage 11: Belastung: soziale Beziehungen (Quelle: Eigene Darstellung mit IBM SPSS)

VpsychBelastung

		Häufigkeit	Prozent	Gültige Prozente	Kumulierte Prozente
Gültig	1,00	90	1,8	1,8	1,8
	1,33	132	2,6	2,6	4,4
	1,50	3	,1	,1	4,5
	1,67	272	5,4	5,4	9,9
	2,00	508	10,2	10,2	20,1
	2,33	739	14,8	14,8	34,9
	2,50	9	,2	,2	35,1
	2,67	949	19,0	19,0	54,1
	3,00	857	17,1	17,1	71,2
	3,33	576	11,5	11,5	82,7
	3,50	7	,1	,1	82,9
	3,67	402	8,0	8,0	90,9
	4,00	455	9,1	9,1	100,0
	Gesamt	4999	100,0	100,0	
Fehlend	System	1	,0		
Gesamt		5000	100,0		

Anlage 12: Mittelwertsverteilung VpsychBelastung (Quelle: Eigene Darstellung mit IBM SPSS)

VphysBelastung

		Häufigkeit	Prozent	Gültige Prozente	Kumulierte Prozente
Gültig	1,00	48	1,0	1,0	1,0
	1,25	34	,7	,7	1,6
	1,33	1	,0	,0	1,7
	1,50	90	1,8	1,8	3,5
	1,67	2	,0	,0	3,5
	1,75	123	2,5	2,5	6,0
	2,00	168	3,4	3,4	9,3
	2,25	241	4,8	4,8	14,2
	2,33	2	,0	,0	14,2
	2,50	354	7,1	7,1	21,3
	2,67	5	,1	,1	21,4
	2,75	361	7,2	7,2	28,6
	3,00	510	10,2	10,2	38,8
	3,25	577	11,5	11,5	50,4
	3,33	5	,1	,1	50,5
	3,50	598	12,0	12,0	62,4
	3,67	5	,1	,1	62,5
	3,75	719	14,4	14,4	76,9
	4,00	1153	23,1	23,1	100,0
	Gesamt	4996	99,9	100,0	
Fehlend	System	4	,1		
Gesamt		5000	100,0		

Anlage 13: Mittelwertsverteilung VphysBelastung (Quelle: Eigene Darstellung mit IBM SPSS)

Literaturverzeichnis

Angermeyer, C., Kilian, R. & Matschinger, H. (2002). *Deutschsprachige Version der WHO Instrumente zur Erfassung von Lebensqualität WHOQOL-100 und WHOQOL-BREFM.* Zeitschrift für Medizinische Psychologie (1/2002). Hogrefe Verlag, Göttingen.

Assen, C. von der. (2019). *Crash-Kurs Psychologie.* Springer Berlin Heidelberg. https://doi.org/10.1007/978-3-662-55747-1

Augustin, M. (2001). Erfassung von Lebensqualität in dermatologischen Studien. Leitlinie der Subkommission "Pharmako-Ökonomie und Lebensqualität" [Recording of quality of life in dermatological studies. Guidelines of the Subcommission "Pharmacoeconomics and Quality of Life"]. *Der Hautarzt; Zeitschrift für Dermatologie, Venerologie, und verwandte Gebiete, 52*(8), 697–700. https://doi.org/10.1007/s001050170083

Behr, A. (2019). *Grundwissen Deskriptive Statistik: Mit Aufgaben, Klausuren und Lösungen* (2. Aufl.). *UTB: 4825. Wirtschaftswissenschaften.* UVK Verlag.

Benninghaus, H. (2007). *Deskriptive Statistik.* VS Verlag für Sozialwissenschaften.

Bundesministerium für Wirtschaft und Energie. (2016, Oktober). *Lebensqualität in Deutschland. Zugriff am 03.06.2021.* Verfügbar unter https://www.bmwi.de/Redaktion/DE/Artikel/Wirtschaft/lebensqualitaet-in-deutschland.html

Conrad, I. & Riedel-Heller, S. G. (2016). *Lebensqualität im Alter.* In S. V. Müller & C. Gärtner (Hrsg.), *Lebensqualität im Alter* (S. 39–51). Springer Fachmedien Wiesbaden. https://doi.org/10.1007/978-3-658-09976-3_3

Die Bundesregierung (2016). *Bericht der Bundesregierung zur Lebensqualität in Deutschland.* Presse- und Informationsamt der Bundesregierung, 11044 Berlin.

Döring, N. & Bortz, J. (2016). *Forschungsmethoden und Evaluation in den Sozial- und Humanwissenschaften.* Springer Berlin Heidelberg. https://doi.org/10.1007/978-3-64241089-5

Häder, M. (2015). *Empirische Sozialforschung.* Springer Fachmedien Wiesbaden. https://doi.org/10.1007/978-3-531-19675-6

Jacobs, K., Kuhlmey, A., Greß, S., Klauber, J. & Schwinger, A. (Hrsg.). (2018). *Pflege-Report 2018.* Springer Berlin Heidelberg. https://doi.org/10.1007/978-3-662-56822-4

Jedelsky, E. (Hrsg.). (2011). *Heimhilfe: Praxisleitfaden für die mobile Betreuung zuhause* (3., aktualisierte. u. erweiterte Aufl.). Springer Wien.

Kirchberger, I. (2005). Lebensqualität. Wichtiger Parameter bei Atemwegserkrankungen [Quality of life. An important parameter in respiratory tract diseases]. *HNO, 53 Suppl 1*, S33-7. https://doi.org/10.1007/s00106-005-1234-1

Kirchhoff, S. (2008). *Der Fragebogen: Datenbasis, Konstruktion und Auswertung* (4. Aufl.). *Lehrbuch*. VS, Verl. für Sozialwiss.

Klimes, R. (2011). *Lebensqualität*. In Jedelsky, E. (Hrsg.), *Heimhilfe. Praxisleitfaden für die mobile Betreuung zuhause* (3., aktualisierte. u. erweiterte Aufl..). Springer Wien.

Kosfeld, R., Eckey, H. F. & Türck, M. (2016). *Deskriptive Statistik*. Springer Fachmedien Wiesbaden. https://doi.org/10.1007/978-3-658-13640-6

Lange, S. (2021). *Dimensionen von Lebensqualität: Für hochaltrige hilfe- und pflegebedürftige Männer in der stationären Altenhilfe* (A. Köchy®, Hg.). Books on Demand.

Linde, A.-C. (2018). *Lebensqualität*. In A. Riedel & A.-C. Linde (Hrsg.), *Ethische Reflexion in der Pflege* (S. 65–74). Springer Berlin Heidelberg. https://doi.org/10.1007/978-3-662-554036_8

Müller, S. V. & Gärtner, C. (Hrsg.). (2016). *Lebensqualität im Alter*. Springer Fachmedien Wiesbaden. https://doi.org/10.1007/978-3-658-09976-3

Naumann, F. & Bühner, M. (2008). *Deskriptive Statistik*. (2008). Springer Berlin Heidelberg. https://doi.org/10.1007/978-3-540-77788-5

Naumann, F. & Bühner, M. (2020). *Statistik: Eine kurze Einführung für Studierende der Psychologie und Sozialwissenschaften* (1. Aufl.). *Was ist eigentlich ...?* Springer Berlin Heidelberg.

Österle, H. (2020). Lebensqualität. In H. Österle (Hrsg.), *Life Engineering* (S. 53–88). Springer Fachmedien Wiesbaden. https://doi.org/10.1007/978-3-658-28335-3_4

Paulsen, W. (2015). *Lebensqualität als Erfolgsparameter? Eine theoretisch-empirische Analyse am Beispiel der Tiefen Hirnstimulation bei Parkinsonpatienten. Kölner Beiträge zu Geschichte und Ethik der Medizin: Bd. 2.* Kassel University Press.

Raab, G., Unger, A. & Unger, F. (2018). *Methoden der Marketing-Forschung*. Springer Fachmedien Wiesbaden. https://doi.org/10.1007/978-3-658-14881-2

Raab-Steiner, E. & Benesch, M. (2018). *Der Fragebogen: Von der Forschungsidee zur SPSSAuswertung* (5. Aufl.). *UTB: Bd. 8406.* Facultas.

Radoschewski, M. (2000). *Gesundheitsbezogene Lebensqualität - Konzepte und Maße. Bundesgesundheitsblatt - Gesundheitsforschung - Gesundheitsschutz, 43*(3), 165–189. https://doi.org/10.1007/s001030050033

Raithel, J. (2008). *Quantitative Forschung: Ein Praxiskurs* (2. Aufl.). *Lehrbuch*. VS, Verl. für Sozialwiss.

Renneberg, B. & Hammelstein, P. (Hrsg.). (2006). *Springer-Lehrbuch. Gesundheitspsychologie.* Springer Berlin Heidelberg. https://doi.org/10.1007/978-3-540-47632-0

Renneberg, B. & Lippke, S. (2006). Lebensqualität. In B. Renneberg & P. Hammelstein (Hrsg.), *Springer-Lehrbuch. Gesundheitspsychologie* (S. 29–33). Springer Berlin Heidelberg. https://doi.org/10.1007/978-3-540-47632-0_4

Riedel, A. & Linde, A.-C. (Hrsg.). (2018). *Ethische Reflexion in der Pflege.* Springer Berlin Heidelberg. https://doi.org/10.1007/978-3-662-55403-6

Schäfer, T. (Hrsg.). (2016). *Methodenlehre und Statistik.* Springer Fachmedien Wiesbaden. https://doi.org/10.1007/978-3-658-11936-2

Schäfer, T. (2016). Deskriptive Datenanalyse: Der Mensch als Datenpunkt. In T. Schäfer (Hrsg.), *Methodenlehre und Statistik* (S. 47–81). Springer Fachmedien Wiesbaden. https://doi.org/10.1007/978-3-658-11936-2_3

Schendera, C. F. G. (2015). *Deskriptive Statistik verstehen. UTB: Bd. 3969.* UVK-Verl.-Ges.

Schübel, T. (2016). *Grenzen der Medizin.* Springer Fachmedien Wiesbaden. https://doi.org/10.1007/978-3-658-12205-8

Statistisches Bundesamt. (2019*). Destatis - Pflegestatistik: Ländervergleich Pflegebedürftige 2019.* Zitiert nach de. Statista.com. https://de.statista.com/statistik/daten/studie/514816/umfrage/anzahl-der-pflegebeduerftigennach-bundeslaendern-und-art-der-versorgung/

Völkl, K. & Korb, C. (Hrsg.). (2018). *Deskriptive Statistik.* Springer Fachmedien Wiesbaden. https://doi.org/10.1007/978-3-658-10675-1

Völkl, K. & Korb, C. (2018). *Einleitung.* In K. Völkl & C. Korb (Hrsg.), *Deskriptive Statistik* (S. 1–5). Springer Fachmedien Wiesbaden. https://doi.org/10.1007/978-3-658-10675-1_1

Weidekamp-Maicher, M. (2018). Messung von Lebensqualität im Kontext stationärer Pflege. In K. Jacobs, A. Kuhlmey, S. Greß, J. Klauber & A. Schwinger (Hrsg.), *Pflege-Report 2018* (S. 71–83). Springer Berlin Heidelberg. https://doi.org/10.1007/978-3-662-56822-4_8

Wuestpartner. (2018). *Pflegeheim-Atlas Deutschland 2018.* Wuest Partner Frankfurt.